Socken stricken

Unsere Füße leisten ein Leben lang Schwerstarbeit. Sie tragen das ganze Körpergewicht und unsere Zehen vollführen einen echten Balance-Akt. Kein Wunder, dass handgestrickte Socken so beliebt sind. Sie sind eine Wohltat für die Füße, haben keine störenden Druckstellen, sorgen für ein gesundes Fußklima, wärmen wunderbar und lassen sich in Form und Design ganz nach dem eigenen Geschmack gestalten.

Dabei sollten Sie auf jeden Fall eine gute Sockenwolle verwenden. Ob Sie die Mischung aus waschmaschinenfester Schurwolle mit Polyamidanteil, die sommerliche Variante mit Baumwolle oder ein Garn mit Stretcheffekt wählen, bleibt Ihnen überlassen. Klassische Strumpffarben, witzig bunte Colorierungen, Tweedeffekte oder einfach verschiedene Garnstärken, das Angebot im Fachhandel lässt viel Raum für kreative Sockenideen.

In diesem Buch finden Sie zahlreiche Modellideen für Babys, Kids, Damen und Herren und entsprechende Größentabellen. Mit der neuen Bumerang-Ferse geben Sie Ihren selbst gestrickten Socken eine perfekte Passform und moderne Optik, und mit der ausführlichen und bebilderten Grundanleitung gelingt sie bestimmt. Selbst gestrickte Socken kann ich nur wärmstens empfehlen. Auch bei Nichtstrickern sind sie immer ein willkommenes Geschenk.

Tanja Steinbach

Für Mama und Tochter

→ mit Lochmuster

DAMEN-SOCKEN

GRÖSSE
36/37

MATERIAL
- Regia Cotton in Weiß (Fb 01), 100 g
- Nadelspiel 2-3

KINDER-SOCKEN

GRÖSSE
32/33

MATERIAL
- Regia Cotton in Weiß (Fb 01), 50 g
- Nadelspiel 2-3
- Häkelnadel Nr. 2-3

MASCHEN-PROBE
Mit Nd 2-3 bei glatt rechts 30 M und 42 Rd = 10 cm x 10 cm

Damensocken

(Abbildung unten)

Glatt rechts

Hinr rechts, Rückr links bzw. in Runden jede Rd rechts str

Lochmuster

Jede Rd im Lochmuster nach Strickschrift arbeiten, dabei den Rapport von 10 M stets wdh. Die 1.-4. Rd stets wdh.

Anleitung

60 M anschlagen und für die Mäusezähnchenkante 5 Rd glatt rechts str.
In der folgenden Rd immer im Wechsel 2 M rechts zusammenstr und 1 Umschlag arbeiten. Noch fünf Rd rechte M str, in der letzten Rd vor jeder M eine M der Anschlagkante auf die linke Nd heben und beide M rechts zusammenstr.

Weiter 10 cm im Lochmuster str und mit der Ferse beginnen. Da die Bumerang-Ferse kürzer ist als die herkömmliche Ferse, über die 1. und 4. Nd und über die ersten zwei M der 2. Nd und letzten zwei M der 3. Nd rechts str, über die mittleren 26 M der 2. und 3. Nd im Lochmuster str. Die Ferse und den Fuß nach der Grundanleitung arbeiten, dabei die Mustereinteilung wie vor Fersenbeginn beibehalten. In 18,5 cm Fußlänge die Spitze arbeiten.

Beide Socken gleich arbeiten.

Lochmuster

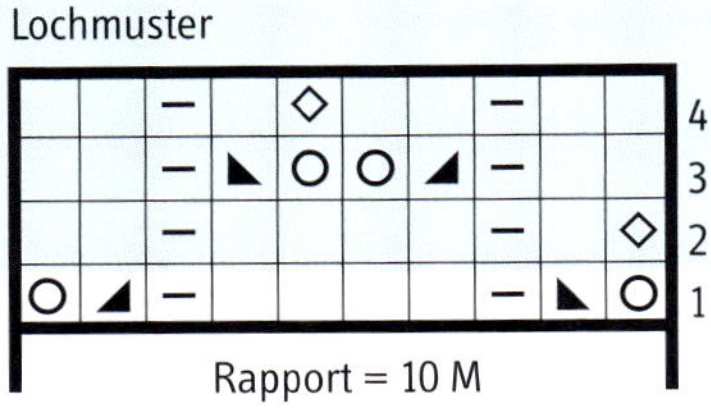

Kindersocken

(Abbildung oben)

Glatt rechts

Hinr rechts, Rückr links bzw. in Runden jede Rd rechts str

Lochmuster

Maschenzahl teilbar durch 4.
1. Rd: * 2 M rechts zusammenstr, 1 Umschlag arbeiten, 2 M rechts str, ab * wdh
2. Rd: * 2 M rechts str, 1 Umschlag arbeiten, 1 M rechts abheben, folgende M rechts str und die abgehobene M überziehen, ab * wdh
Die 1. und 2. Rd stets wdh

Anleitung

siehe Seite 4

Ganz natur

→ mit Strukturmuster

GRÖSSE
38/39

MATERIAL
- Regia Cotton Color in Sienna color (Fb 5431), 100 g
- Nadelspiel 2-3

MASCHENPROBE
Mit Nd 2-3 bei glatt rechts 30 M und 42 Rd = 10 cm x 10 cm

Glatt rechts

Hinr rechts, Rückr links, bzw. in Runden jede Rd rechts str

Bündchenmuster

1 M rechts, dann 1 M links, 2 M rechts im Wechsel str, enden mit 1 M links, 1 M rechts, siehe Strickschrift unter der gestrichelten Linie

Grundmuster

In ungeraden Rd nach Strickschrift str, dabei den Rapport von 6 M stets wdh. In geraden Rd die M str, wie sie erscheinen. Die 1.-8. Rd stets wdh.

Anfertigung

60 M anschlagen und für den Minirollrand 3 Rd rechte M str, weiter 2 cm im Bündchenmuster str. Danach im Grundmuster weiterarbeiten. In ca. 13 cm Schaftlänge noch 1 cm über die M der 1. und 4. Nd glatt rechts, über die M der 2. und 3. Nd im Grundmuster weiterstr. Die Bumerang-Ferse glatt rechts str, danach Fuß nach Grundanleitung arbeiten, dabei die Mustereinteilung wie vor Fersenbeginn beibehalten. In 20 cm Fußlänge die Spitze arbeiten.

Beide Socken gleich arbeiten.

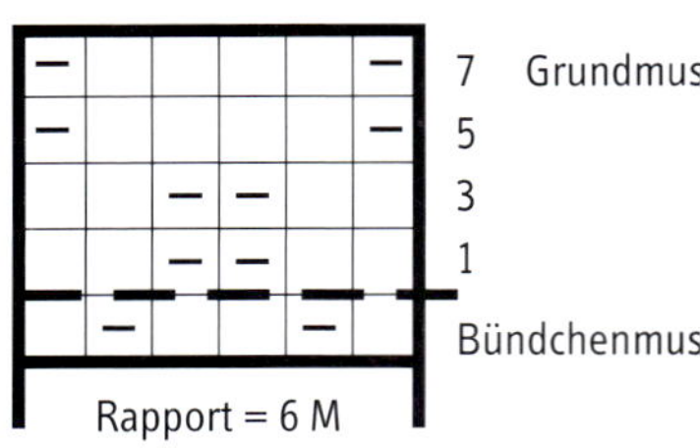

WEITERFÜHRUNG

Kindersocken

Anleitung

56 M anschlagen, 1 Rd rechte M, dann im Lochmuster str. In 9 cm Schafthöhe noch 1 cm über die M der 1. und 4. Nd glatt rechts, über die M der 2. und 3. Nd im Lochmuster str. Danach den Fuß nach der Grundanleitung str.

Die Bumerang-Ferse glatt rechts, dann über die M der 1. und 4. Nd glatt rechts und über die M der 2. und 3. Nd im Lochmuster bis zur Spitze str. Die Spitze glatt rechts str.

Um den Anschlagrand Picots häkeln: Faden an der hinteren Mitte mit einer Kettm anmaschen, * 4 Lm, in die erste Lm zurückgehend 1 fM häkeln, 2 M der Vorreihe übergehen, 1 Km*, ab * fortlaufend wdh.

Zweite Socke gleich arbeiten.

Tipp: Die Kindersocken können nach den Angaben der Tabelle problemlos in jeder Größe gestrickt werden.

Der Trachtenlook

→ im Patent-Zopfmuster

GRÖSSE
38/39

MATERIAL
- Regia 4fädig Tweed in Natur tweed (Fb 02), 100 g
- Nadelspiel 2-3

MASCHEN-PROBE
Mit Nd 2-3 bei glatt rechts 30 M und 42 Rd = 10 cm x 10 cm

Glatt rechts

Hinr rechts, Rückr links bzw. in Runden jede Rd rechts str

Bündchenmuster

1 M rechts, 1 M links im Wechsel, siehe auch Strickschrift unter der gestrichelten Linie

Grundmuster

In ungeraden Rd nach Strickschrift über der gestrichelten Linie str, dabei den Rapport von 16 M stets wdh. In geraden Rd die M str, wie sie erscheinen bzw. wie in der Zeichenerklärung erklärt. Die 1.-8. Rd stets wdh.

Anleitung

64 M anschl und 8 cm im Bündchenmuster str. Weiter im Grundmuster str. In ca. 20 cm Schaftlänge von jeder Nd 4 M auf die Nd davor heben, dann über die M der 1. und 4. Nd glatt rechts str, dabei in 1. Rd verteilt 2 x 2 M rechts zusammenstr = je 15 M auf 1. und 4. Nd. Über die ersten 3 M der 2. Nd und die letzten 4 M der 3. Nd glatt rechts über die 25 M dazwischen im Grundmuster weiterstr. Nach weiteren 4 Rd den Fuß und die Bumerang-Ferse nach Grundanleitung str. Dabei über die M der 1. und 4. Nd glatt rechts, über die M der 2. und 3. Nd im Grundmuster wie bisher weiterstr.

In ca. 20 cm Fußlänge 1 Rd rechte M str, dabei auf 2. und 3. Nd je 1 x 2 M rechts zusammenstr = 15 M je Nd, dann die Spitze glatt rechts str.

Beide Socken gleich arbeiten.

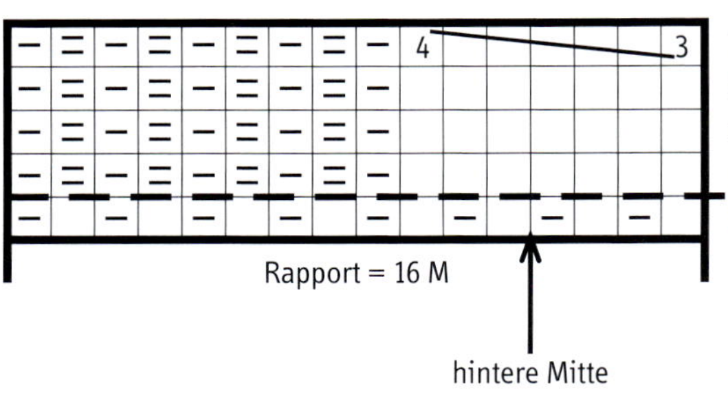

Für Nordic-Fans

→ mit Norwegerbordüre

GRÖSSE
38/39

MATERIAL
- Regia 4fädig in Weiß-Schwarz mouliné (Fb 2068), 100 g
- Regia 4fädig in Schwarz (Fb 2066), 50 g
- Regia 4fädig in Weiß (Fb 600), 50 g
- Regia 4fädig in Kirsche (Fb 2002), 50 g
- Nadelspiel 2-3

MASCHENPROBE
Mit Nd 2-3 bei glatt rechts 30 M und 42 Rd = 10 cm x 10 cm

Bündchenmuster
1 M rechts, 1 M links im Wechsel

Jacquardmuster
A Jede Rd glatt rechts nach Zählmuster str, dabei den Rapport von 12 M stets wdh

B Maschenzahl teilbar durch 4. Jede Rd glatt rechts nach Zählmuster str, dabei den Rapport von 4 M stets wdh.

Zählmuster A

Anleitung
60 M in Kirsche anschlagen und für den Minirollrand 3 Rd rechte M str, dann in Schwarz 3 cm im Bündchenmuster str. Glatt rechts 2 Rd in Weiß-Schwarz mouliné, 25 Rd Jacquardmuster A. Dann in Weiß-Schwarz mouliné weiterstr. Nach 12 cm ab Bündchenmuster Ferse und Fuß in Weiß-Schwarz mouliné nach der Grundanleitung arbeiten. 2,5 cm vor Beginn der Spitze 7 Rd Jacquardmuster B str, dann die Spitze in Kirsche str.

Beide Socken gleich arbeiten.

Zählmuster B

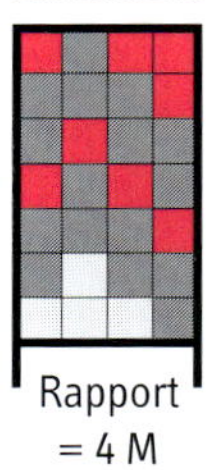

- Weiß
- Kirsche
- Weiß-Schwarz mouliné
- Schwarz

Bunt und lustig

→ mit quer gestricktem Bündchen

GRÖSSE
32/33

MATERIAL
- Regia 4fädig Color in Jacquard las vegas (Fb 5269), 50 g
- Regia 4fädig in Mittelgrau meliert (Fb 44), 50 g
- Nadelspiel 2-3

MASCHENPROBE
Mit Nd 2-3 bei glatt rechts 30 M und 42 Rd = 10 cm x 10 cm

Glatt rechts

Hinr rechts, Rückr links bzw. in Runden jede Rd rechts str

Kraus rechts

In Hinr und Rückr rechts str

Anleitung

Der Schaftrand wird kraus rechts in Reihen quer gestrickt. 32 M (= ca. 10 cm) in Jacquard las vegas anschlagen und ca. 18-19 cm kraus rechts str, M abketten. Aus den Randm einer Längsseite in Mittelgrau 56 M aufnehmen und zur Rd schließen. Die offene Kante des Bündchens ist die hintere Mitte (zwischen 1. und 4. Nd). Weiter glatt rechts 5 cm str, dann Ferse und Fuß nach der Grundanleitung arbeiten. Bei einer Fußlänge von 14,5 cm einen Musterstreifen in Jacquard las vegas einarbeiten. Dafür einen vollständigen Farbrapport auswählen und ca. 2,5 cm glatt rechts stricken. Danach die Spitze in Mittelgrau arbeiten.

Die offene Kante des Schaftrandes zusammennähen, sodass die Naht nach dem Umschlagen des Schafts innen liegt.
In die untere Kante des Randes Fransen einknüpfen (siehe Abbildung), dabei immer die passende Farbe aus dem Knäuel wählen. Für die Fransen je vier ca. 8 cm lange Fäden zur Hälfte zusammenlegen, die Schlaufe durch den Rand, dann die losen Enden durch die Schlaufe ziehen und die Fransen festziehen. Die Fransen auf ca. 2,5 cm Länge schneiden.

Beide Socken gleich arbeiten.

Tipp: Die Streifen sind schon im Knäuel. Praktisch: Die Farbstreifen ergeben sich automatisch beim Stricken.

Babysöckchen

→ mit Glöckchen oder Bärchen

GRÖSSE
M
(Fußlänge ca. 8,5 cm)

MATERIAL
- Nadelspiel 2-3
- Sticknadel ohne Spitze

SÖCKCHEN MIT GLÖCKCHEN
- Regia 4fädig, Reste (ca. 5 g) in Gelb (Fb 2041), Jaffa (Fb 1259), Royal (Fb 540), Sittich (Fb 622) und Superweiß (Fb 2080)
- 2 Glöckchen in Blau

SÖCKCHEN MIT BÄRCHEN
- Regia Cotton Color in Sienna color (Fb 5431), 50 g
- Regia Cotton in Weiß (Fb 01), 50 g
- 2 Applikationen, ca. 3 cm x 3 cm groß

MASCHENPROBE
Mit Nd 2-3 bei glatt rechts
30 M und 42 Rd
= 10 cm x 10 cm

Hinweis: Die Tabelle für andere Größen der Söckchen finden Sie auf Seite 32.

Söckchen mit Glöckchen

Glatt rechts

Hinr rechts, Rückr links bzw. in Runden jede Rd rechts str

Anleitung

32 M in Gelb anschlagen und für das Rollrändchen 5 Rd rechte M str, dann 3 Rd 1 M rechts, 1 M links im Wechsel str. Mit Jaffa weiter 4 cm glatt rechts str, dann die Ferse in Gelb nach der Grundanleitung arbeiten. Den Fuß in Ringeln glatt rechts arbeiten: 2 Rd Royal, 2 Rd Sittich im Wechsel str. In 6,5 cm Fußlänge die Spitze in Royal str.

Auf den Schaft Blüten in Superweiß und Gelb mit Margeriten- und Knötchenstichen sticken (siehe Abbildung). Am Rollrand in der vorderen Mitte das blaue Glöckchen annähen.

Beide Socken gleich arbeiten.

Söckchen mit Bärchen

Glatt rechts

Hinr rechts, Rückr links bzw. in Runden jede Rd rechts str

Glatt links

Hinr links, Rückr rechts bzw. in Runden jede Rd links str

Bündchenmuster

1 M rechts, 1 M links im Wechsel str

Anleitung

36 M in Sienna color anschlagen, 4 cm im Bündchenmuster str und 4 Rd glatt links str. Weiter in Weiß 4 cm glatt rechts, mit Sienna color 1 Rd rechte M und 4 Rd glatt links, 4 Rd glatt rechts, dann Ferse und Fuß nach der Grundanleitung und der Größentabelle str.

Die beiden Glatt-links-Wülste mit Kreuzstichen in Weiß umstechen. Dafür den Faden doppelt nehmen und den Kreuzstich jeweils über 4 M Abstand sticken (siehe Abbildung).

Das Bündchen zur Hälfte nach außen umschlagen und dann in der hinteren Mitte eine kleine Quaste in Weiß annähen. Die Applikationen auf der Außenseite der Söckchen annähen.

Zweite Socke gegengleich arbeiten.

Zeigt her eure Füße

→ freches Muster

GRÖSSE
28/29

MATERIAL
- Nadelspiel 2-3

SÖCKCHEN IN BLAU-GRÜN
- Regia 4fädig in Marine (Fb 324), 50 g
- Regia 4fädig in Gras (Fb 1254), 50 g
- Regia 4fädig in Türkis (Fb 1255), 50 g

SÖCKCHEN IN BLAU-ROT
- Regia 4fädig in Marine (Fb 324), 50 g
- Regia 4fädig in Himbeer (Fb 1258), 50 g
- Regia 4fädig in Jaffa (Fb 1259), 50 g
- zusätzliches Nadelspiel 2-3

Zählmuster B

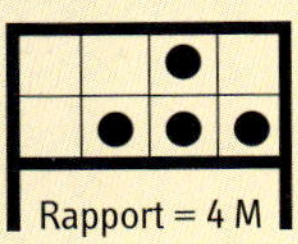

MASCHENPROBE
Mit Nd 2-3 bei glatt rechts
30 M und 42 Rd
= 10 cm x 10 cm

Glatt rechts

Hinr rechts, Rückr links bzw. in Runden jede Rd rechts str

Kraus rechts

In Runden 1 Rd rechts, 1 Rd links im Wechsel str

Jacquardmuster

A Maschenzahl teilbar durch 4.
Glatt rechts in Jacquardtechnik str.
1. und 2. Rd: 2 M in 1. Farbe, 2 M in 2. Farbe im Wechsel str.
3. und 4. Rd: 2 M in 2. Farbe, 2 M in 1. Farbe im Wechsel str.

B Maschenzahl teilbar durch 4.
Glatt rechts in Jacquardtechnik 1x die 1. und 2. Rd nach Zählmuster str.

Anleitung

Söckchen in Blau-Grün

52 M in Marine anschlagen und 8 Rd kraus rechts str. Für die Biese 1 Rd rechte M in Marine und 6 Rd glatt rechts 2 M in Gras, 2 M in Marine im Wechsel str. Die folgende Rd in Marine str, dabei hinter jeder M auf der Arbeitsrückseite das oben liegende Querglied der linken M aus der 1. Rd auffassen und mit der M rechts zusammenstr.
Weiter glatt rechts 5 cm in Marine, 4 Rd Jacquardmuster A mit Marine als 1. Farbe und Türkis als 2. Farbe und 4 Rd in Türkis str. Nun den Fuß glatt rechts nach Grundanleitung str.
Für die Bumerang-Ferse im ersten Teil die verkürzten Reihen mit doppelten Maschen in Türkis arbeiten, dann je 1 Rd rechts in Türkis und in Gras str, im zweiten Teil die verkürzten Reihen mit Gras str. Weiter 4 Rd in Gras, 4 Rd im Jacquardmuster A mit Marine als 1. Farbe und Gras als 2. Farbe, dann in Marine str. In ca. 13 cm Fußlänge 4 Rd in Türkis, dann die Spitze in Gras str.
Beide Socken gleich arbeiten.

Söckchen in Blau-Rot

Für den 1. Rollrand 52 M in Himbeer anschlagen und ca. 4 cm glatt rechts str. Dann mit einem zweiten Nadelspiel für den zweiten Rollrand 52 M in Jaffa anschlagen und ca. 3 cm glatt rechts str. Den 2. Rollrand über den 1. Rollrand stülpen und je 1 M beider Nd rechts zusammenstr. Weiter glatt rechts 6 cm in Marine, 2 Rd Jacquardmuster B mit Marine als 1. Farbe und Himbeer als 2. Farbe und 4 Rd in Himbeer str. Nun den Fuß glatt rechts nach Grundanleitung str.
Für die Bumerang-Ferse im ersten Teil die verkürzten Reihen mit doppelten Maschen in Himbeer arbeiten, dann je 1 Rd rechts in Himbeer und in Jaffa str, im zweiten Teil die verkürzten R mit Jaffa str. Weiter 4 Rd in Jaffa und 2 Rd im Jacquardmuster B mit Jaffa als 1. Farbe und Marine als 2. Farbe, dann in Marine str. In ca. 13 cm Fußlänge 4 Rd in Himbeer, dann die Spitze in Jaffa str.
Beide Socken gleich arbeiten.

Für Boys

→ total hip im Gummistiefel

GRÖSSE
32/33

MATERIAL
- Regia 6fädig Color, in Crazy nordic (Fb 5259), 100 g
- Regia 6fädig in Marine (Fb 324), 50 g
- Nadelspiel 3-4

MASCHENPROBE
Mit Nd 3-4 bei glatt rechts 22 M und 30 Rd = 10 cm x 10 cm

Glatt rechts

Hinr rechts, Rückr links bzw. in Runden jede R rechts str

Bündchenmuster

1 M rechts, 1 M links im Wechsel

Grundmuster

Rippenmuster 3 M rechts, 1 M links in Rd

Anleitung

44 M in Marine anschlagen und ca. 12 cm im Bündchenmuster str, dann in Crazy nordic im Grundmuster str. In 26 cm Höhe ab Bündchen die Ferse und den Fuß nach der Grundanleitung arbeiten, beim Fuß über die M der 2. und 3. Nd im Grundmuster, über die M der 1. und 4. Nd glatt rechts str. Bündchen zur Hälfte nach außen umschlagen. Beide Socken gleich arbeiten.

Wichtig: Bei beiden Socken mit dem gleichen Farbrapport beim Colorgarn beginnen und den Faden von außen vom Knäuel nehmen.

Für Girlies

→ total süß

Tipp: Diese Söckchen sehen in durchsichtigen Boots toll aus (siehe Seite 16).

GRÖSSE
32/33

MATERIAL
- Regia 6fädig Color in Jacquard las vegas (Fb 5269), 100 g
- Nadelspiel 3-4
- Häkelnadel Nr. 3-4

MASCHENPROBE
Mit Nd 3-4 bei glatt rechts 22 M und 30 Rd = 10 cm x 10 cm

Glatt rechts

Hinr rechts, Rückr links bzw. in Runden jede R rechts str

Häkelspiralen

Faden anmaschen, dann 1 Lm häkeln * 1 fM, für die Spirale 9 Lm, dann in die 2. Lm und in jede folgende Lm 2 fM häkeln, 1 M des Anschlagrandes übergehen, 1 fM häkeln und ab * wdh. Die Rd mit 1 Km in die 1. fM beenden.

Anleitung

44 M anschlagen und ca. 12 cm glatt rechts für den Schaft str, dann Ferse und Fuß nach der Grundanleitung arbeiten. Um den Anschlagrand Spiralen häkeln, den Anschlagrand ca. 1 cm breit nach außen umschlagen. Beide Socken gleich arbeiten. Bei beiden Socken mit dem gleichen Farbrapport beim Colorgarn beginnen und den Faden von außen vom Knäuel nehmen.

Ein Klassiker

→ mit Rippenmuster

GRÖSSE
44/45

MATERIAL
- Regia 6fädig in Graublau meliert (Fb 1980), 150 g
- Nadelspiel 3-4

MASCHEN-PROBE
Mit Nd 3-4 bei glatt rechts 22 M und 30 Rd = 10 cm x 10 cm

Glatt rechts

Hinr rechts, Rückr links bzw. in Runden jede Rd rechts str

Bündchenmuster

Nach Strickschrift unter der gestrichelten Linie str, dabei den Rapport von 7 M stets wdh. Die 1. und 2. Rd stets wdh.

Strukturmuster

Nach Strickschrift über der gestrichelten Linie str. Die 3. und 4. Rd stets wdh.

Anleitung

56 M anschlagen und ca. 3 cm im Bündchenmuster str. Danach im Strukturmuster weiterstr. In ca. 15 cm Schafthöhe ab Anschlag die M der 1. und 4. Nd glatt rechts und die M der 2. und 3. Nd im Strukturmuster noch 1 cm str.

Danach Ferse und Fuß nach der Grundanleitung arbeiten, dabei das Strukturmuster über den Fußrücken (2. und 3. Nd) weiterstr. In 23 cm Fußlänge die Spitze glatt rechts str.

Beide Socken gleich arbeiten.

	–	–		–	–		4	Strukturmuster
	–				–		3	
	–		–		–		2	Bündchenmuster
	–		–		–		1	

Rapport = 7 M

Für den Herrn von Welt

→ auch fürs Büro

GRÖSSE
42/43

MATERIAL
- Regia 4fädig Color in Patch antik sand (Fb 5753), 100 g
- Nadelspiel 2-3
- Hilfsnadel

MASCHEN-PROBE
Mit Nd 2-3 bei glatt rechts 30 M und 42 Rd = 10 cm x 10 cm

Glatt rechts

Hinr rechts, Rückr links bzw. in Runden jede Rd rechts str

Bündchenmuster

1 M rechts, 1 M links im Wechsel

Strukturmuster

Jede Rd nach Strickschrift über der gestrichelten Linie str, dabei den Rapport von 8 M stets wdh.
Die 1.-4. Rd stets wdh.

Wichtig: Bei beiden Socken mit dem gleichen Farbrapport des Colorgarns beginnen und den Faden von außen vom Knäuel nehmen.

Anleitung

64 M anschlagen und 2 cm im Bündchenmuster str. Danach 13 cm im Strukturmuster str. In 15 cm Schaftlänge noch 1 cm über die M der 1. und 4. Nd glatt rechts und über die M der 2. und 3. Nd im Strukturmuster str.

Die Ferse nach der Grundanleitung arbeiten, danach den Fuß wieder über die M der 1. und 4. Nd glatt rechts und über die M der 2. und 3. Nd im Strukturmuster str. In 22 cm Fußlänge die Spitze arbeiten.

Beide Socken gleich arbeiten.

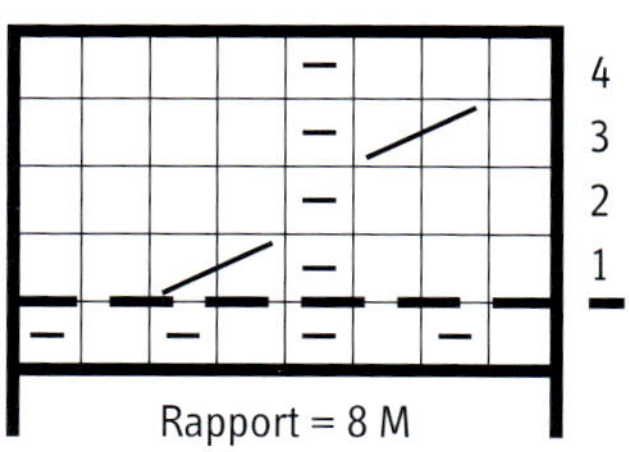

Hornblower S.A.
(Stand 21.00 Uhr)
MEAG

Lustige Zehensocke

→ wenn's im Sommer mal kalt ist

GRÖSSE
38/39

MATERIAL
- Regia 4fädig Color in Jacquard paris (Fb 5295), 100 g
- Regia 4fädig in Lavendel (Fb 1988), 50 g
- 2 Nadelspiele 2-3

MASCHENPROBE
Mit Nd 2-3 bei glatt rechts 30 M und 42 Rd = 10 cm x 10 cm

Hinweis: **Die Tabelle für andere Größen finden Sie auf Seite 32.**

Glatt rechts

Hinr rechts, Rückr links bzw. in Runden jede Rd rechts str

Anleitung

Doppelter Rollrand: Für den ersten Rollrand 60 M in Jacquard paris anschlagen und ca. 4 cm glatt rechts str. Dann mit einem zweiten Nadelspiel für den zweiten Rollrand 60 M in Lavendel anschlagen und ca. 3 cm glatt rechts str. Den zweiten Rollrand über den ersten Rollrand legen und je 1 M beider Nadeln rechts zusammenstr.

Danach mit Jacquard paris glatt rechts weiterstricken. Nach ca. 7 cm die Ferse und den Fuß nach der Grundanleitung str. In 20 cm Fußlänge die einseitige Bandspitze mit extra gestricktem großen Zeh arbeiten.

Bei der rechten Socke für den großen Zeh 20 M stilllegen, jeweils die halbe M-Zahl am Ende der 3. Nd und am Beginn der 4. Nd. Bei der linken Socke für den großen Zeh diese 20 M am Ende der 1. Nd und am Beginn der 2. Nd stilllegen.

Für den Steg zwischen dem großen und dem anschließenden Zeh zu den restlichen M für die einseitige Bandspitze 4 M neu anschlagen. Danach die einseitige Bandspitze über 44 M arbeiten. Dafür bei der rechten Socke die Steg-M auf die 3. und 4. Nd verteilen. Für die Abnahmen von jeweils 1 M bis 3 M vor Ende der 1. Nd str, dann 2 M rechts zusammenstr und die letzte M rechts str. Bei der 2. Nd die 1. M rechts str, dann die 2. und 3. M rechts überzogen zusammenstr, restliche M str. Diese Abnahmen in jeder 2. Rd 3 x und in jeder Rd 6 x wdh = 24 M. Danach 4 x je 2 M abnehmen. Dafür bei der 1. Nd bis 4 M vor Nadelende str, folgende 3 M rechts zusammenst. Bei der 2. Nd die 1. M rechts str, die 2. M rechts abheben, folgende 2 M rechts zusammenstr, dann die abgehobene M überziehen = 8 M. Diese M mit doppeltem Faden fest zusammenziehen.
Bei der linken Socke die einseitige Bandspitze am Ende der 3. Nd und am Anfang der 4. Nd beginnen.

Großer Zeh: Zu den stillgelegten M aus den Steg-M 4 auffassen = 24 M und die M gleichmäßig auf 4 Nd verteilen. Rundenbeginn ist in der unteren Mitte. Bis Spitzenbeginn 4 cm str und dann die Bandspitze arbeiten. Bei der 1. und 3. Nd die zweit- und drittletzte M rechts zusammenstr. Bei der 2. und 4. Nd die 2. und 3. M rechts überzogen zusammenstr. Diese Abnahmen 1 x in 2. Rd und 2 x in der folgenden Rd wdh = 8 M. Die M mit doppeltem Faden fest zusammenziehen.

Wichtig: **Bei beiden Socken mit dem gleichen Farbrapport beim Colorgarn beginnen.**

Sportsocken

→ Füßlinge für Turnschuhe

GRÖSSE
38/39

MATERIAL
- Regia Stretch in Weiß (Fb 01), 50 g
- Regia Stretch in Schwarz (Fb 99), 50 g
- Regia 4fädig in Himbeer (Fb 1258), 50 g
- Nadelspiel 2-3
- Häkelnadel Nr. 3-3,5

MASCHEN-PROBE
Mit Nd 2-3 bei glatt rechts 30 M und 42 Rd = 10 cm x 10 cm

Glatt rechts

Hinr rechts, Rückr links bzw. in Runden jede Rd rechts str

Zweifarbiges Halbpatentmuster

Über eine gerade Maschenzahl str
1. Rd in Schwarz: Alle M rechts str
2. Rd in Weiß: Alle M links str
3. Rd in Schwarz: * 1 M links, dann 1 M rechts str, dabei 1 Rd tiefer einstechen, dabei löst sich die M der Vor-Rd auf, ab * stets wdh.

Nach der 1. Rd die 2. und 3. Rd stets wdh.

Anleitung

60 M in Himbeer anschlagen und 3 Rd rechte M str. Weiter 15 Rd = 2,5 cm im zweifarbigen Halbpatentmuster stricken, dann eine Rd rechte M in Schwarz stricken. Weiter glatt rechts arbeiten, 2 Rd in Himbeer, dann die Ferse in Weiß nach der Grundanleitung str. Danach in Runden im Wechsel 6 Rd in Schwarz, 2 Rd in Himbeer str. In 20 cm Fußlänge die Spitze in Weiß arbeiten. In der hinteren Mitte an den Anschlagrand mit doppeltem Faden eine Schlaufe aus 10 Lm häkeln.

Beide Socken gleich arbeiten.

Socken zum Shoppen

→ mit Kordel

GRÖSSE
38/39

MATERIAL
- Regia 4fädig Color in Jacquard paris (Fb 5295), 100 g
- Regia 4fädig in Mittelgrau meliert (Fb 44), 50 g
- Nadelspiel 2-3
- Sicherheitsnadel
- 2 Kordelstopper in Altsilber

MASCHENPROBE
Mit Nd 2-3 bei glatt rechts 30 M und 42 Rd = 10 cm x 10 cm

Glatt rechts

Hinr rechts, Rückr links bzw. in Runden jede Rd rechts str

Rippenmuster

2 M rechts, 2 M links im Wechsel

Anleitung

Für die rechte Socke 60 M in Mittelgrau meliert locker anschlagen und für das doppelte Bündchen glatt rechts str. Dabei nach 12 Rd die M der 1. Nd str, dann für den Schlitz zwischen 1. und 2. Nd in Reihen 3 R str, danach wieder in Runden str. Nach 18 Rd (= ca. 4,5 cm) jeweils eine M der Nd mit einer M der Anschlagkante rechts zusammenstr.

Danach mit Jacquard paris glatt rechts weiterarbeiten, dabei in 1. Rd verteilt 12 M zunehmen (= 72 M). Nach ca. 13 cm ab dem doppeltem Bündchen die zugenommenen 12 M wieder verteilt abnehmen, in Mittelgrau meliert weiterarbeiten, die 1. Rd glatt rechts, dann 10 Rd im Rippenmuster str. Noch 1 cm glatt rechts str, dann Ferse und Fuß nach der Grundanleitung str.

Die linke Socke gegengleich anfertigen, d. h., den Schlitz im doppelten Bündchen zwischen 3. und 4. Nd einarbeiten.

Zwei ca. 40 cm lange Kordeln in Mittelgrau anfertigen und mithilfe einer Sicherheitsnadel in die Bündchen einziehen, die Kordelenden durch den Stopper ziehen (siehe Abbildung).

Tipp: Bitte achten Sie darauf, dass beide Socken im Colorbereich mit dem gleichen Farbrapport beginnen. Den Faden dabei immer von außen vom Knäuel nehmen.

Tipp: Kordelstopper finden Sie bei den Kurzwaren.

Massagesocken

→ mit Biesen

GRÖSSE
34/35

MATERIAL
- Regia 4fädig Color in Ringel clown (Fb 5048), 50 g
- Regia 4fädig in Jaffa (1259), 50 g
- 2 Nadelspiele 2-3

MASCHENPROBE
Mit Nd 2-3 bei glatt rechts 30 M und 42 Rd = 10 cm x 10 cm

Idee Massagesohlentechnik: Elke Sons und Sabine Klinger

Glatt rechts

Hinr rechts, Rückr links bzw. in Runden jede Rd rechts str

Bündchenmuster

1 M rechts, 1 M links im Wechsel str

Biesen-Technik

Für jede Biese über die M der 1. und 4. Nd in einer Kontrastfarbe 8 R glatt rechts str. Damit der Rand nicht zu locker wird, nach der 1. R jeweils am Anfang der R die 1. M links abheben und die folgenden 2 M möglichst fest str.

Nach der 8. R (Rückr) wieder in Rd arbeiten. Dafür zunächst auf der Rückseite (bzw. der Innenseite) der Arbeit die Querfäden der 1. Biesen-R auf eine dünne Hilfsnadel heben und diese M hinter die Biesen-M legen. Dann in der Grundfarbe je 1 M der vorderen Nadel und der Hilfsnadel rechts zusammenstr, dabei am Anfang der neuen Rd den Faden fest anziehen.

Die Biese nach jeweils 4 Rd wdh.

Wichtig: Bei beiden Socken mit dem gleichen Farbrapport beim Colorgarn beginnen.

Anleitung

56 M in Jaffa anschlagen und für den Rollrand 2 cm glatt rechts str. Weiter in Ringel clown 2 cm im Bündchenmuster arbeiten, danach 9 cm glatt rechts str.

Die erste Hälfte der Bumerang-Ferse nach der Grundanleitung arbeiten und 2 Rd glatt rechts über alle M str. Danach mit der Massagesohle beginnen.

Über M der 1. und 4. Nd die zweite Hälfte der Bumerang-Ferse stricken, dabei die Biesen der Sohle einarbeiten. Nach 4 verkürzten R die 1. Biese, dann in jeder 5. R Biesen nach der Biesen-Technik einarbeiten. Den Fuß wieder in Rd str und über die gesamte Fußlänge einschließlich Bandspitze nach jeder 4. Rd eine Biese in Jaffa str. Nach 18 cm Fußlänge mit der Bandspitze beginnen.

Beide Socken gleich arbeiten.

Mollig warm

→ für die Winterwanderung

GRÖSSE
36/37

MATERIAL
- Regia 4fädig Tweed in Anthrazit meliert (Fb 98), 100 g
- Regia 4fädig in Weiß (Fb 600), 50 g
- Nadelspiel 2-3

MASCHENPROBE
Mit Nd 2-3 bei glatt rechts 30 M und 42 Rd = 10 cm x 10 cm

Bündchenmuster

2 M rechts, 2 M links im Wechsel

Jacquardmuster

Glatt rechts jede Rd nach Zählmuster str

Pünktchenmuster

Glatt rechts 1 M in Weiß, 1 M in Anthrazit meliert im Wechsel str und das Muster in jeder Rd versetzen, siehe auch Zählmuster für den Fuß

Schaft

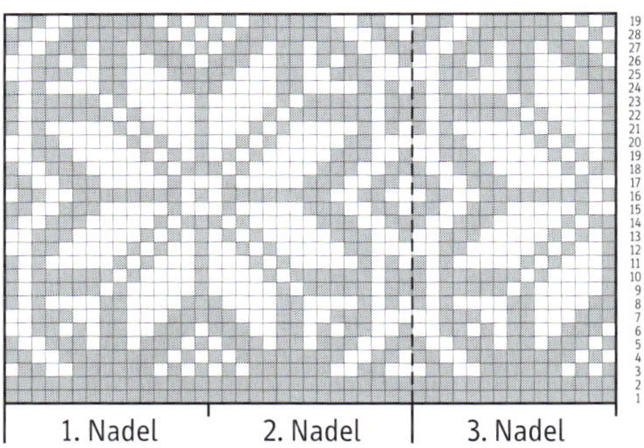

Fuß

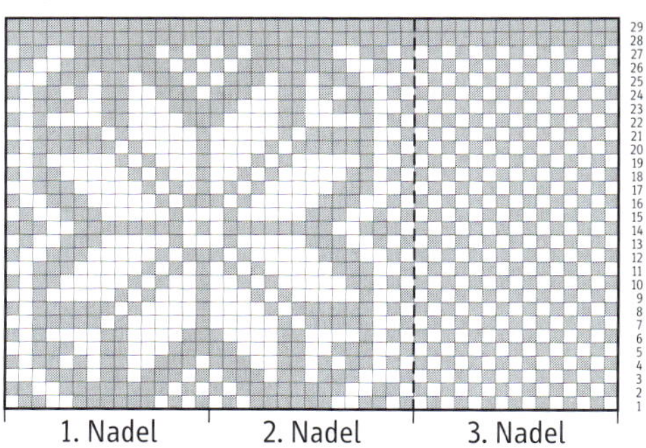

Rapport = 30 M

Anleitung

60 M in Anthrazit meliert anschlagen und 8 cm im Bündchenmuster str. Danach 2 x die 1.-29. Rd = 58 Rd (ca. 14 cm) im Jacquardmuster nach Zählmuster für den Schaft str. Dabei wie gezeichnet beginnen, dann den Rapport von 30 M wdh.

Weiter den Fuß nach der Grundanleitung str, dabei die Bumerang-Ferse glatt rechts in Anthrazit meliert str. Weiter bis zur Spitze 2 x die 1.-29. Rd = 58 Rd (ca. 14 cm) nach Zählmuster für den Fuß str, dabei über die M der 1. und 4. Nd im Pünktchenmuster str. Danach in 18,5 cm Fußlänge die Spitze in Anthrazit meliert str.

Beide Socken gleich arbeiten.

Tipp: Vor dem ersten Tragen die Socken über ein rundes Gefäß mit ca. 8 cm Durchmesser spannen, anfeuchten und trocknen lassen.

Zehensocken für Regia 4fädig

GRÖSSE	34/35	36/37	38/39	40/41	42/43	44/45	46/47
AUFTEILEN DER MASCHEN Maschen großer Zeh	16	20	20	22	22	22	26
Maschen einseitige Bandspitze	40	40	40	42	42	46	46
Maschenanschlag Steg	4	4	4	6	6	6	6
EINSEITIGE BANDSPITZE Gesamte Maschenzahl	44	44	44	48	48	52	52
ABNAHMEN VON JEWEILS 1 MASCHE nach der 1. Abnahmerunde in jeder 2. Runde	2 x	3 x	3 x	3 x	3 x	3 x	3 x
in jeder Runde	7 x	6 x	6 x	8 x	8 x	10 x	10 x
Abnahme von jeweils 2 Maschen in jeder Runde	4 x	4 x	4 x	4 x	4 x	4 x	4 x
GROSSER ZEH Gesamte Maschenzahl	20	24	24	28	28	28	32
Länge bis Spitzenbeginn in cm	3,5	4	4	4,5	4,5	5	5
ABNAHME FÜR DIE BANDSPITZE nach der 1. Abnahme in jeder 2. Runde	1 x	1 x	1 x	1 x	1 x	1 x	1 x
in jeder Runde	1 x	2 x	2 x	3 x	3 x	3 x	4 x

Baby- und Kleinkindersocken für Regia 4fädig

	BABYS			KLEINKINDER			
GRÖSSE	S	M	L	14/15	16/17	18/19	20/21
Maschenanschlag/Maschenzahl je Nadel	28/7	32/8	36/9	36/9	40/10	40/10	44/11
Maschenzahl für Fersenbreite	14	16	18	18	20	20	22
Maschenzahl Bumerang-Ferse	4/6/4	5/6/5	6/6/6	6/6/6	6/8/6	6/8/6	7/8/7
Fußlänge von Fersenmitte bis Spitze in cm	5,5	6,5	7	7,5	8,5	9,5	10,5
ABNAHME FÜR DIE BANDSPITZE nach der 1. Abnahme in der 3. Runde	1 x	1 x	1 x	1 x	1 x	1 x	1 x
in jeder 2. Runde	2 x	2 x	2 x	3 x	3 x	3 x	3 x
in jeder Runde	1 x	2 x	3 x	2 x	3 x	3 x	4 x
Gesamte Fußlänge in cm	7,5	8,5	9,5	10,5	11,5	12,5	13,5

IMPRESSUM

FOTOS: frechverlag GmbH, 70499 Stuttgart; Fotostudio Ullrich & Co., Renningen
DRUCK: frechdruck GmbH, 70499 Stuttgart

Auflage: 18. 17. 16. 15.
Jahr: 2011 2010 2009 2008 2007 [Letzte Zahlen maßgebend]

ISBN 978-3-7724-6601-4
Best.-Nr. 6601

Die Bumerang-Ferse

1. Reihe (Hinreihe): Alle Maschen einschließlich der letzten Masche der 1. Nadel rechts stricken, wenden.

2. Reihe (Rückreihe): Eine doppelte Masche arbeiten. Dafür den Faden vor die Arbeit legen, von rechts in die 1. Masche einstechen, dann Masche und Faden zusammen abheben und den Faden fest nach hinten ziehen. Dabei wird die Masche über die Nadel gezogen und liegt doppelt. Wird der Faden nicht fest genug angezogen, entstehen später Löcher. Den Faden wieder nach vorn nehmen und alle Maschen einschließlich der letzten Masche der 4. Nadel links stricken, wenden.

3. Reihe: Eine doppelte Masche arbeiten, dann alle Maschen bis zur doppelten Masche am Reihenende rechts stricken (die doppelte Masche bleibt ungestrickt), wenden.

4. Reihe: Eine doppelte Masche arbeiten und wieder bis vor die doppelte Masche links stricken, wenden.

Die 3. und 4. Reihe wiederholen, bis die letzten doppelten Maschen mit den äußeren Maschen des mittleren Drittels der Fersen-Maschen gearbeitet sind.

Nun zwei Runden über alle Maschen, über die Fersen-Maschen rechts, über die Maschen der 2. und 3. Nadel im Schaftmuster stricken. Dabei in der 1. Runde bei den doppelten Maschen beide Maschenteile zugleich erfassen und als 1 Masche rechts abstricken.
Nach den zwei Runden wieder verkürzte Reihen mit doppelten Maschen, aber jetzt in entgegengesetzter Richtung von innen nach außen stricken.

1. Reihe (Hinreihe): Die Maschen des mittleren Drittels rechts stricken, wenden.

2. Reihe (Rückreihe): Eine doppelte Masche arbeiten. Nun links bis einschließlich der letzten Masche des mittleren Drittels zurückstricken, wenden.

3. Reihe: Eine doppelte Masche arbeiten. Nun rechts bis zur doppelten Masche stricken, diese wie beschrieben rechts zusammenstricken und die folgende Masche rechts stricken, dann wenden.

4. Reihe: Eine doppelte Masche arbeiten. Nun links bis zur doppelten Masche stricken, diese wie beschrieben links zusammenstricken, die folgende Masche links stricken und wenden.

ABKÜRZUNGEN

Fb = Farbnummer
fM = feste Masche(n)
Hinr = Hinreihe
Km = Kettmasche(n)
Lm = Luftmasche(n)
M = Masche(n)
Nd = Nadel
R = Reihe(n)
Rd = Runde(n)
Rückr = Rückreihe
str = stricken

ZEICHENERKLÄRUNG ZU DEN STRICKSCHRIFTEN

□ = 1 rechte Masche

⊟ = 1 linke Masche

⊡ = 1 Umschlag

◇ = 1 M rechts verschränkt: in den hinteren Teil der M stechen, Faden holen und abstricken

◣ = 2 M rechts überzogen: 1 M rechts abheben, folgende M rechts str und die abgehobene M überziehen

◢ = 2 M rechts zusammenstr

⊜ = in ungeraden Rd 1 M mit 1 Umschlag links abheben, in geraden Rd die M mit dem Umschlag rechts zusammenstricken

[4 … 3] = 4 M auf einer Hilfsnd vor die Arbeit legen, 3 M rechts, dann die M der Hilfsnd rechts str

[/] = 1 M auf einer Hilfsnd hinter die Arbeit legen, 1 M rechts, dann die M der Hilfsnd rechts str

Die Modelle lassen sich in folgende Schwierigkeitsgrade unterteilen:

einfach

etwas schwieriger

anspruchsvoll

So wird's gemacht

Die Socke mit der neuen Bumerang-Ferse

Anschlag

Die erforderlichen Maschen werden gleichmäßig oder nach Angabe in der Anleitung auf 4 Nadeln des Nadelspiels verteilt. Der Rundenwechsel ist in der rückwärtigen Mitte, also zwischen der 4. und 1. Nadel. Diese Stelle ist automatisch durch den Anfangsfaden gekennzeichnet.

Schaft

Nun wird der Schaft in Runden gearbeitet. Man kann einige Zentimeter Bündchen im Rippenmuster (z. B. 1 Masche rechts, 1 Masche links, oder 2 Maschen rechts, 2 Maschen links im Wechsel) stricken. Durch den Wechsel von rechten und linken Maschen erhält das Bündchen Elastizität. Sie können den Schaft nun komplett im Rippenmuster, glatt rechts oder mit Muster weiterstricken. Nach dem Schaft werden die Ferse und der Fuß gearbeitet.

Die Bumerang-Ferse wird in Reihen glatt rechts über die Maschen der 1. und 4. Nadel gestrickt. Da die Bumerang-Ferse kürzer ist als eine mit Fersenwand und Käppchen, stricken Sie bei Strukturmustern ca. 1 cm bis 2 cm vor Schaftende nur über die Maschen der 1. und 4. Nadel glatt rechts, über die Maschen der 2. und 3. Nadel das Schaftmuster weiter. Dabei werden auch hier, wenn nötig, in der 1. Runde überzählige Maschen auf der 1. und 4. Nadel abgenommen. Die Fersenmaschen in drei Teile aufteilen. Danach werden verkürzte Reihen mit sogenannten doppelten Maschen von außen nach innen über die Maschen der Außenteile und über die jeweils äußere Masche des mittleren Drittels gearbeitet, beginnend mit den äußeren Maschen der 1. bzw. 4. Nadel:

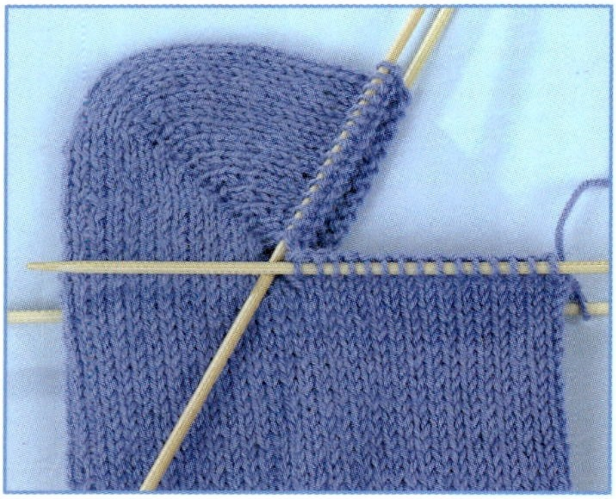

Die 3. und 4. Reihe wiederholen, bis auch über den äußeren Fersen-Maschen eine doppelte Masche gestrickt wurde. Nach der letzten Rückreihe (in der folgenden Reihe bzw. zu Rundenbeginn wird noch einmal 1 doppelte Masche gearbeitet) in Runden weiterarbeiten, dabei in der 1. Runde die doppelte Masche wie beschrieben rechts abstricken.

Hinweis: Bei dieser Ferse wird kein Zwickel gearbeitet.

Fuß

Nun den Fuß in der in der Tabelle unter „Fußlänge von Fersenmitte bis Spitze" angegebenen Länge arbeiten, dann mit der Bandspitze beginnen.

Bandspitze

Für die Bandspitze bei der 1. und bei der 3. Nadel bis 3 Maschen vor Ende der Nadel stricken, dann 2 Maschen rechts zusammenstricken und die letzte Masche rechts stricken. Bei der 2. und 4. Nadel die 1. Masche rechts stricken und die beiden folgenden Maschen rechts überzogen zusammenstricken. Diese Abnahmen wie in der Tabelle angegeben wiederholen, bis noch 8 Maschen übrig sind. Den Endfaden mit einer Sticknadel ohne Spitze zweimal durch die 8 Maschen ziehen und vernähen.

Hinweis: Die Angaben in den Anleitungen beziehen sich nur auf die Größe der fotografierten Socken. Die meisten Modelle können Sie problemlos in allen anderen Größen nach den Angaben der Größentabellen stricken. Vergleichen Sie, ob der Musterrapport zu der erforderlichen Maschenzahl passt. Oft genügt nur eine Änderung der Fußlänge. Der Garnverbrauch kann sich dann entsprechend ändern.

Tipp: Die Materiallisten für die Modelle beinhalten genaue Garnbezeichnungen. Im Fachhandel finden Sie ein vielfältiges Angebot an verschiedensten Garnen und Farben.

Wir danken der Firma Coats für die Unterstützung bei diesem Buch:
Coats GmbH Kenzingen
www.coatsgmbh.de